BEI GRIN MACHT SICH IHR WISSEN BEZAHLT

Bibliografische Information der Deutschen Nationalbibliothek:

Die Deutsche Bibliothek verzeichnet diese Publikation in der Deutschen National-
bibliografie; detaillierte bibliografische Daten sind im Internet über http://dnb.d-
nb.de/ abrufbar.

Impressum:

Copyright © 2018 GRIN Verlag
Druck und Bindung: Books on Demand GmbH, Norderstedt Germany
ISBN: 9783668892040

Dieses Buch bei GRIN:

https://www.grin.com/document/456496

Ines Mateja

Dyade oder Triade? Der unterschiedliche Einfluss von Mutter und Vater auf die frühkindliche Bindungsentwicklung

GRIN Verlag

Dyade oder Triade? –

Der unterschiedliche Einfluss von Mutter und Vater auf die frühkindliche

Bindungsentwicklung

PORTFOLIO

im Modul 3.2 im Bachelor – Studiengang Soziale Arbeit

an der Ev. Hochschule Rheinland – Westfalen Lippe

Ines Mateja

Belegte Seminare:

Lehrveranstaltungen	Titel
LV 1: Erziehung, Bildung und Sozialisation	Pflegekinderhilfe – ein zukunftsfähiges Modell mit Reformbedarf?
LV 2: Lebenslauf, Biografie und Identität	Bindungserfahrung aus väterlicher Perspektive
LV 3: Exemplarische Vertiefung zu Theorien, Methoden oder Institutionen der Erziehung, Bildung und Kultur	Erfahrung, Erlebnis und Abenteuer in der Pädagogik
LV 4: Kultur, Ästhetik und Medien: Ausdruck, Gestaltung, Analyse, Reflexion	Brandherd Welt. Mediale Berichterstattung in Zeiten des Krieges.

Bochum, 16.07.2018

Inhaltsverzeichnis

Einleitung

Die Bindungsforschung beschäftige sich in ihrer Anfangszeit Schwerpunkt mäßig mit der Bindung zwischen Mutter und Kind. Lange untersuchte man also lediglich dieses dyadische Beziehungssystem, ohne große Berücksichtigung des kompletten Familiensystems, zu dem in der Regel auch der Vater gehört. Man könnte dies auf die klassische Rollenverteilung zurückführen, in der sich die Mutter um das Kind kümmert und der berufstätige Vater zur ökonomischen Absicherung der Familie dient. In dieser Zeit entwickelten Studien das Bild des peripheren Vaters, welcher nicht in Familienangelegenheiten involviert ist (vgl. Seiffge – Krenke 2009, S. 196).

In weiteren Forschungen versuchte man das Bindungssystem des Vaters in Vergleich mit dem der Mutter zu setzen und schon dort viel auf, dass dies nicht möglich ist, da der Vater ein anderes Verhältnis zum Kind entwickelt, als die Mutter. Trotz allem besteht eine Bindung zwischen Vater und Kind.

Daher befasst sich dieses Portfolio mit der Frage, ob lediglich die dyadische Beziehung zwischen Mutter und Kind im Säuglingsalter Einfluss auf das Bindungsverhalten hat, oder doch eine triadische Interaktion zwischen Mutter – Vater und Kind Einfluss hat. Hierbei sollen die unterschiedlichen Einflüsse beider Eltern auf das Kind im frühkindlichen Bereich erarbeitet werden, die dann zur Beantwortung der Fragestellung dienen.

Zunächst werden in diesem Portfolio die besuchten Lehrveranstaltungen aus dem Modul 3.2: Handlungsgebiet Erziehung, Bildung und Kultur und deren thematische Inhalte kurz vorgestellt, um die Lerninhalte des Semesters darzustellen. Anschließend folgt der Lernbericht, der sich im Hauptteil mit der Fragestellung. Die anschließende Lernreflexion stellt die wesentlichen Inhalte dar und setzt sich in einem fachlichen Diskurs mit dem zuvor ausgearbeiteten Ergebnissen und mit den inhaltlich passenden Lernergebnissen aus den anderen Seminaren in dem Modul auseinander. Im Anschluss folgt ein Fazit zur Beantwortung der Fragestellung.

In der Dokumentensammlung sind als verpflichtende Teilleistungen des Moduls ein Protokoll einer Seminareinheit sowie eine Power – Point Präsentation mit zugehörigem Handout beigefügt.

4

1. Vorstellung der Lehrveranstaltungen im Modul 3.2

1.1 LV 1: Erziehung, Bildung und Sozialisation

Die Pflegekinderhilfe - ein zukunftsfähiges Modell mit Reformbedarf!

Das Seminar setzt sich kritisch mit dem Pflegekindersystem in Deutschland auseinander und diskutiert in seinem Verlauf die Reformbedürftigkeit. Es werden die unterschiedlichen Unterbringungsformen, wie z.b. Bereitschaftspflege, Dauerpflege, Sozialpädagogische Lebensgemeinschaft etc. erarbeitet, sowie deren Vor – und Nachteile. Der erste Teil des Seminars befasst sich mit der Darstellung der Pflegefamilien und deren emotionalen sowie bürokratischen Herausforderungen. Im zweiten Teil des Seminars geht es um die Darstellung der Pflegekinder. Hierbei werden vor allem die Problematik der häufigen Bindungsabbrüche und deren Auswirkung auf die entwicklungspsychologische Entwicklung thematisiert.

1.2 LV 2 : Lebenslauf, Biographie und Identität

Bindungserfahrungen aus der väterlichen Perspektive

Die Lehrveranstaltung behandelt die besondere Bindungsbeziehung zwischen dem Vater und seinem Kind und der wachsenden primären Rolle innerhalb des Familiensystems. Durch veränderte soziale Rollenbilder in den Familien und unterschiedlichen Familiensystemen, steht der Vater vor mehr Herausforderungen, diese Erwartungen zu erfüllen. In dem Seminar wird erarbeitet, wie Mutter und Vater einen unterschiedlichen Ausprägungsgrad auf die Entwicklung des Kindes haben, unabhängig von der Bindungsintensität.

Die Lehrveranstaltung beinhaltet, eine Konzeptentwicklung eines Kurses für werdende Eltern, in denen Kompetenzen im Sinne des Kindeswohles und der langfristigen Stärkung der Familie bzw. positiven Entwicklung des Kindes von null bis zwei Jahren vermittelt werden sollten.

1.3 LV 3 Exemplarische Vertiefung zu Theorien, Methoden oder Institutionen der Erziehung, Bildung und Kultur

Erfahrung, Erlebnis und Abenteuer in der Pädagogik

Erfahrung, Erlebnis und Abenteuer sind in diesem Seminar zentrale Aspekte, die intensiv analysiert werden. Zunächst befasst sich die Lehrveranstaltung damit, die Begriffe voneinander getrennt zu betrachten und sie im Anschluss in einen pädagogischen Rahmen zu setzen. Neben der historischen Entwicklung, an dem Beispiel von Kurt Hahn, der als einer der Ersten ein ganzheitliches Konzept zur Bildung und Charakterbildung entwickelte, ist ein zentrales Thema die wachsende Pädagogisierung von Erlebnissen und Abenteuer. Daraus folgt der Diskurs über die Auseinandersetzung mit dem Nutzen und der Herausforderung der aufkommenden Pädagogisierung in der Gesellschaft.

1.4 LV 4 Kultur, Ästhetik und Medien: Ausdruck, Gestaltung, Analyse, Reflexion

Brandherd Welt. Mediale Berichterstattung in Zeiten des Krieges.

Das Seminar setzt sich zunächst mit den Ursachen von aktuellen politischen Konflikten auseinander und die Auswirkungen auf die bestehende Weltordnung werden kritisch begutachtet. Zu Beginn des Seminars wird hierzu die mediale Berichterstattung anhand von Pressemitteilungen zu politischen Konflikten untersucht. Hierbei geht es darum, den Verfasser und seine Botschaft des Artikels herauszuarbeiten, welcher oft unter politischen Einflüssen steht. Im weiteren Verlauf des Seminars werden die Kriege in Syrien, der Ukraine und in der Türkei auf ihre Ursachen und deren aktuelle Lage dargestellt. Hierzu werden mediale Berichterstattungen analysiert und auf ihren Einfluss auf die Gesellschaft gewertet.

In dem Seminar geht es darum ein Bewusstsein zu schaffen, dass mediale Berichterstattung meist einen Zweck beinhaltet und mehrere mediale Quellen herangezogen werden sollten, um sich einen realitätsnahen Überblick zu verschaffen.

2. Lernbericht

Der folgende Lernbericht befasst sich zunächst mit den Grundannahmen der Bindungstheorie und vergleicht im Anschluss die unterschiedlichen Einflüsse von Vater und Mutter und stellt die Bedeutsamkeit in Hinblick auf eine gesunde Entwicklung des Kindes dar.

2.1 Grundannahme der Bindungstheorie

„Unter Bindung versteht man ein lang andauerndes affektives Band zu ganz bestimmten Personen, die nicht ohne Weiteres auswechselbar sind, deren körperliche, psychische Nähe und Unterstützung gesucht werden, wenn z.b. Furcht, Trauer, Verunsicherung, Krankheit, Fremdheit usw. in einem Ausmaß erlebt werden, das nicht mehr selbstständig regulierbar ist" (Seiffge – Krenke 2009, S. 58). Eine Bindung besteht somit zwischen zwei Personen und beschreibt eine intensive Beziehung, die unabhängig von äußeren Widerständen besteht.

Bindung entsteht erst nach der Geburt eines Säuglings in Interaktion mit seiner Bindungsperson, bzw. Bindungspersonen, prägend hierbei sind vor allem die ersten Lebensjahre (vgl. Brisch 2014 S. 32; Seiffge – Krenke 2009, S. 69). Das Neugeborene signalisiert durch bestimmte Verhaltensweisen, z.B. Mimik, Gestik, Schreien seine Bedürfnisse. Diese Verhaltensweisen führen zum Kontakt mit der umsorgenden Personen und bieten dem Kind zugleich Sicherheit, Nahrung und Schutz. Dieses Bindungsverhalten des Säuglings ist somit überlebenswichtig und genetisch verankert (vgl. Grossmann K./ Grossmann K.E. 2008, S. 69; Seiffge – Krenke 2009, S. 58).

Ein Kind kann mehr als eine Bindungsperson haben, allerdings gibt es eine spezifische Hierarchie zwischen den Bindungspersonen. Diese ist abhängig von der Bindungsintensität zwischen dem Säugling und der Bindungsperson. Wie oben im Zitat erwähnt ist das Verhalten der Bindungsperson von großer Bedeutung, wenn das Kind sich in einem negativen Gefühlszustand befindet. Wenn es Trauer, Angst oder ähnliches empfindet, lässt es sich vorzugweise von der primären Bindungsperson trösten (vgl. Grossmann K./ Grossmann K.E. 2008, S. 68).

Das Bindungssystem eines Kindes ist genetisch derart von seiner Umwelt abhängig, dass sich ein Säugling an jede Art von Bindungsperson bindet, unabhängig von ihrem fürsorglichen Verhalten. Dies bedeutet, dass ein Säugling sich somit auch z.b. an eine Mutter bindet, die sich unzureichend um das Kind kümmert (vgl. Ahnert 2014, S.28). In Bezug darauf unterscheidet sich lediglich die Bindungsqualität eines Kindes. Dieses ist von verschiedenen internen und externen Faktoren abhängig (vgl. Krieger 2007, S. 56). Eines der wichtigsten Faktoren ist hierbei das Konzept der Feinfühligkeit. Dieses Konzept wurde von Mary Ainsworth in ihrer Studie zur Qualität von Bindung in den 1970 Jahren, geprägt und bezeichnet die Qualität der Reaktion einer Bindungsperson eines Kindes, durch die diese Person die frühkindliche Bindung so beeinflusst, dass sich unterschiedliche Qualitäten von Bindungen ergeben (vgl. Grossmann K. / Grossmann K.E. 2008, S. 117; Ahnert 2014, S. 30).

Um die Bindungsqualität zwischen einem Kind und seiner Bindungsperson zu beobachten, entwickelte Mary Ainsworth den Test der „Fremden Situation", in dem in einer Momentaufnahme beobachtet wird, ob das Kind Trennungsschmerz zeigen und durch physische Nähe zu der Bindungsperson überwinden kann (vgl. Ahnert 2014, S. 34). Resultierend daraus wurden drei Bindungstypen entwickelt: sichere Bindung, unsicher – vermeidende Bindung und die unsichere – ambivalente Bindung. Diese wurden im späteren Verlauf von Ainsworth Schülerin Mary Main durch einen vierten Bindungstyp, der desorganisierten Bindung, ergänzt (vgl. Ahnert 2014, S. 67 ff.)

Der sichere Bindungstyp ist durch die positive Feinfühligkeit der Eltern – Kind Interaktion gekennzeichnet. Die prompte Wahrnehmung der kindlichen Signale und der richtigen Interpretation sowie die prompte Reaktion der Eltern führen zu keiner starken Frustration beim Kind (vgl. Spangler/ Zimmermann 2009, S. 114; Grossmann K./ Grossmann K.E. 2008 S. 140). Die Kinder haben eine ausgewogene und harmonische Balance zwischen selbstständigem Spiel und der Freude am Kontakt mit der Bindungsperson. Sie suchen ihre Nähe bei negativen Gefühlszuständen und können sich wieder lösen, wenn sie getröstet wurden (vgl. Ahnert 2014 S. 33).

Kinder mit einer unsicher – vermeidenden Bindung sind unabhängig von ihren Bindungspersonen. Den Kindern fehlt die Zuversicht bezüglich der Verfügbarkeit ihrer Bindungsperson, von dieser sie eine geringe Feinfühligkeit erfahren haben, z.B. in Form von Zurückweisungen (vgl. Spangler/ Zimmermann 2009, S. 115 f.; Grossmann K./ Grossmann

K.E. 2008, S. 140). Diese Kinder verhindern durch die Beziehungsvermeidung erneute Zurückweisungen (vgl. Ahnert 2014 S. 33).

Die Bindung der unsicheren – ambivalenten Kinder ist gekennzeichnet durch Angst und Abhängigkeit von zu seiner Bindungsperson. Das Bindungsverhalten der Bindungsperson ist gekennzeichnet durch einen ständigen Wechsel von feinfühligem und dann wieder abweisendem Verhalten. Die Bindungsperson ist daher für das Kind unzuverlässig, nicht nachvollziehbar noch vorhersagbar (vgl. Spangler/ Zimmermann 2009, S.114 f.; Grossmann K./ Grossmann K.E. 2008, S. 140).

Der vierte und letzte Bindungstyp, der desorganisierten Bindung, stellt eine Kategorie dar, für die Kinder, die sich nicht eindeutig in eine der oberen Bindungstypen zuordnen lassen. Kinder in dieser Kategorie haben keine Strategie erlernt mit Trauer, Angst etc. umzugehen. Wie oben beschrieben geht allerdings jeder Säugling eine Bindung ein, da das Bindungsverhalten eine Überlebensstrategie des Säuglings ist, um Schutz, Nahrung etc. zu erhalten. Wenn die Bindungsperson, die diesen Schutz bieten soll, gleichzeitig der Auslöser für die bedrohliche Situation ist, konnte das Kind keinen Schutz oder Trost erfahren (vgl. ebd. 116 f.; ebd.).

Wenn die Bindungsperson eine sichere Basis für das Kind bietet, fängt das Kind an seine Umgebung zu erkunden. Das Erkundungsverhalten („Exploration") ist abhängig von der Bindungsperson (vgl. Seiffge – Krenke 2009, S. 58 f.). Bowlby hat dies ebenfalls in seiner Erklärung zur Verknüpfung von Bindung und Exploration deutlich gemacht: *„Die Fähigkeit des Kindes, affektive Beziehungen zu entwickeln, ist: 1. das Ausmaß mit dem die Eltern als sichere Basis für das Kind verfügbar waren und es 2. Ermutigt haben, von der Basis aus selbstständig zu erkunden"* (Bowlby 1980, S. 167). Somit wird deutlich das Bindung sowohl für die kognitive, als auch soziale Fähigkeit von Bedeutung ist.

Um die Bedeutsamkeit der feinfühligen Reaktion der Bindungspersonen für eine sichere Bindung zu verdeutlichen, werden im anschließenden Teil die unterschiedlichen Arten von Feinfühligkeit der Mutter und des Vaters herausgearbeitet und verglichen.

2.2 Mütterliche Feinfühligkeit im Vergleich zur väterlichen Feinfühligkeit

Im vorangegangen Abschnitt wurde bereits kurz die Bedeutung der feinfühligen Reaktionen der Bindungspersonen erwähnt. Es ist jedoch wichtig zu erläutern, dass es je nach Bindungspersonen auch unterschiedliche Arten von Feinfühligkeit gibt, die alle eine hohe Bedeutsamkeit für die gesunde Entwicklung des Kindes haben.

2.2.1 Mütterliche Feinfühligkeit

Der Begriff der Feinfühligkeit wurde ebenfalls im Kontext des Testverfahrens der „Fremden Situation" von Mary Ainsworth entwickelt und sie bezeichnet die *„Fähigkeit der Mutter die Signale und Mitteilungen, die im Verhalten ihres Kindes enthalten sind, wahrzunehmen und richtig zu interpretieren und diese [...] prompt und angemessen zu beantworten"* (Mary Ainsthworth 1974; zitiert in Grossmann K. /Grossmann K.E. 2015, S. 414). Bei der Feinfühligkeit ist es wichtig, dass die Mutter die Signale bemerkt, sie daraufhin richtig interpretiert und sich angemessen verhält. Hinzu kommt, dass die Reaktion der Mutter prompt folgen sollte, da der Säugling eine Assoziation aus der mütterlichen Handlung zieht und ein Gefühl der Wirksamkeit erfährt. Wenn keine Reaktion folgt, stuft der Säugling sein Verhalten als nutzlos ein. Wichtig ist hierbei, dass die Reaktion der Mutter in Abhängigkeit mit der Entwicklung des Kindes steht (vgl. Grossmann K. / Grossmann K. E. 2008, S. 119).

Eine verständnisvolle, feinfühlige externe Organisation des Säuglings führt schon im ersten Lebensjahr zu einer guten internen Organisation (vgl. ebd., S. 123). Negative Gefühle, wie z.B. Angst, Ärger, Wut etc. führen zur Erregung des Säuglings. Die feinfühlige Reaktion der Mutter hat eine beruhigende Funktion und lindert die emotionale Erregung des Säuglings (vgl. ebd., S. 129). Negative Gefühle werden abgeschwächt, dies kann man an einem weiteren Beispiel verdeutlichen. Der Säugling lernt bei einer feinfühligen Mutter, das Weinen in Ordnung ist, weil *„sein Weinen durch eigenen Erfahrung begründet Hoffnung zur Linderung in sich trägt"* (ebd., S. 130). Bei einer unfeinfühligen Reaktion der Mutter auf das Weinen, bzw. wenn keine konstruktive Interaktion stattfindet, kann das Kind bis zu völligen Erschöpfung weinen. Es kann zur Abwendung von der Mutter oder der Resignation des Kindes führen, woraufhin eine Entfremdung folgen kann (vgl. ebd.).

2.2.2 Väterliche Feinfühligkeit

Wie man bereits in dem Abschnitt erkennt, ging es in der frühen Forschung zur Bindung vor allem um die Bindung und die Interaktion zwischen Mutter und Kind. Man ging zunächst davon aus, dass vor allem im ersten Lebensjahr das Kind nur zu einer dyadischen Beziehung zur Mutter fähig sei (vgl. Seiffge – Krenke 2009, S. 200). In Deutschland wurde erst 1989 durch die entwicklungspsychologischen Experimente durch Papousek bewiesen, dass bereits ein Säugling Beziehungen zu mehr, als nur einer Versorgungsperson aufbauen kann (vgl. ebd.). Erst nach weiteren zehn Jahren belegte Klitzing, dass Säuglinge sehr wohl in der Lage sind, triadische Beziehungen, zwischen Mutter, Vater und Kind, einzugehen (vgl. ebd., S. 201). Das würde bedeuten, dass ein Säugling in seinem Bindungsverhalten, in der Regel, sowohl von der Mutter, als auch von dem Vater beeinflusst wird. Während die Mutter eher engen Körperkontakt hält und sich vor allem pflegerisch um das Kind kümmert, ist der Körperkontakt des Vaters distanter (vgl. ebd., S. 200; Seiffge – Krenke 2016, S. 15). Dies zeigt sich z.b. bereits bei alltäglichen Interaktionen. Während das Füttern bei der Mutter den pflegerischen Aspekt erfüllt, ist diese Interaktion beim Vater bereits spielerisch geprägt. In der Regel kann man sagen, dass die Interaktion zwischen Säugling und Vater visuell und akustisch geprägt ist.

Der Vater baut die Bindung zu seinem Kind durch eine besondere Spielbeziehung auf. Er dient als Helfer beim Explorieren und ermutigt das Kind Herausforderungen anzunehmen (vgl. Grossman K. / Grossmann K. E. 2008, S. 223; Seiffge – Krenke 2016, S. 16). Der Vater ist für den Säugling ein interessanter und andersartiger Interaktionspartner, als die Mutter (vgl. Feldmann 2000 S. 176-191; zitiert in zitiert in Grossman K. / Grossmann K. E. 2008, S. 223). Er ist ein Herausforderer und ermutigt das Kind zu neuen Dingen (vgl. Murphy 1997; zitiert in ebd.) Der Vater ist ein Vermittler von Bereichen aus der Umwelt und erklärt dem Kind die Welt (vgl. Harkness u. Super 1992 S. 191 - 211; zitiert in ebd.). Er dient ebenfalls als Vermittler von kulturellen Normen und Werten und gibt sein Können und Wissen an sein Kind weiter (vgl. Rogoff 2003; zitiert in ebd.). Man kann sagen, dass der Vater eine wichtige Rolle für das Kind spielt, um sich in der Welt und in der Gesellschaft zurecht zu finden und anzukommen. Der Vater dient als vertrauter, starker und weiser Gefährte in dem Leben seines Kindes (vgl. ebd., S. 222). Bereits Bowlby wies dem Vater 1982 eine besondere Rolle in der Entwicklung eines Kindes zu als: *„trusted companion"* (vgl. Bowlby 1982; zitiert in ebd.).

Wichtig ist hierbei noch zu benennen, dass auch wenig feinfühlige Reaktionen vom Vater, bei der Balance und sicherer Unterstützung ein Risiko für die Entwicklung des Kindes bürgen können (vgl. ebd., S. 223).

Zusammenfassend wird deutlich, dass die Bindung zwischen Vater und Kind aus der Qualität seiner Unterstützung in der kindlichen Exploration entsteht und sich dies parallel und unabhängig von der mütterlichen Art der Feinfühligkeit entwickelt (vgl. Grossman K. /Grossmann K. E. 2008, S. 222; Seiffge – Krenke 2009, S. 200).

3. Lernreflexion

Im Folgenden wird das erarbeitete Thema im Lernbericht reflektiert und mit übergreifenden Themen im gesamten Modul in einen Zusammenhang gesetzt. Anschließend folgt ein allgemeines Fazit, in dem die Fragestellung beantwortet wird.

3.1 Reflexion der Bindungstheorie im Zusammenhang mit dem Modul 3.2

Die Bindungstheorie ist ein Thema, welches mich bereits seit einiger Zeit beschäftigt, da regelmäßig in der Sozialen Arbeit Bezug darauf genommen wird. In meinem Praxissemester im Jugendhilfe Dienst (ASD) und in meiner Honorartätigkeit für den Pflegekinderdienst (PKD) arbeitet man häufig mit Kindern und Jugendlichen, aber auch Erwachsenen, zusammen, die destruktive Bindungserfahrungen erlebt haben. In meiner praktischen Arbeit konnte ich bereits einige Male die Erfahrung machen, dass unterschiedliche Verhaltensauffälligkeiten auf die frühen Bindungserfahrungen zurückzuführen sind. Durch das Seminar zur väterlichen Bindung und der Erarbeitung des Themas in dem Portfolio, wollte ich mich intensiver mit dem Thema beschäftigten, um ein besseres Verständnis für meine zukünftigen Klienten zu erhalten.

In dem Seminar LV 1 zum Thema Pflegekinderhilfe gab es eine kurze Einheit zum Thema Bindung. Hierbei ging es um die traumatischen Erfahrungen die Kinder in ihren Herkunftsfamilien durchleben und welche Anforderung dadurch auf die Pflegefamilien zukommen. Es wurde z.B. beschrieben, dass Kinder ihre Eltern aus der Herkunftsfamilie idealisieren (vgl. Hardenberg 2005, S.6). Bei Umgangsbegleitungen des PKD's, die ich durchführen durfte, konnte ich ebenfalls solche Beobachtungen machen. Rational betrachtet, fällt es teilweise schwer solche Situationen nachzuvollziehen, da die Kinder z.B.

höchst vernachlässigende Erfahrungen gemacht haben. Zieht man jedoch die Bindungstheorie hinzu, werden solche Verhaltensweisen verständlicher. Wie in 2.1 der Grundannahme der Bindungstheorie beschrieben, binden sich Kinder immer an ihre Bindungsperson, unabhängig davon, ob diese sich gut oder schlecht um das Kind kümmert. Bindung ist genetisch verankert und soll dem Kind beim Überleben helfen, so wird es verständlicher wie eine Bindung zwischen solchen Eltern und ihren Kindern zustande kommt. Ein weiteres Beispiel ist, dass Kinder mit traumatischen Bindungserfahrungen eine Pseudoautonomie entwickeln, in der sie fantasieren, dass sie unabhängig von Erwachsenen alleine leben können (vgl. Hardenberg 2005, S. 6). In Hinblick auf die Ursachen, ist es möglich dies ebenfalls aufgrund negativer Bindungserfahrung zu folgern. Wie in 2.1 erklärt, werden solche Kinder in frühester Kindheit bereits die Erfahrung gemacht haben, dass sie sich nicht ausreichend auf ihre Bindungsperson verlassen konnten. Um möglichen weiteren Schmerz oder Trauer nicht zu erleben, vermeiden solche Kinder erneute Beziehungen. Trotz vieler negativer Verhaltensweisen, die durch eine schlechte Bindungserfahrung entwickelt werden können, ist es wichtig zu benennen, welche Chancen einem die Bindungstheorie bieten kann.

Im Laufe des Semesters, entwickelte sich durch das Seminar zur väterlichen Bindung eine vollkommene neue Sicht für mich. Ich hatte noch nie die aktivierende Bindungserfahrung aus der väterlichen Sicht betrachtet und finde es umso spannender, welchen wichtigen Teil sie bereits in der frühkindlichen Phase einnimmt. Aus meiner beruflichen Erfahrung als Erzieher, weiß ich, dass die meisten Väter sich eher zurück nehmen in Eltern – Kind Aktionen und weiß um die Herausforderung die Väter für Unternehmungen zu begeistern. Ich denke hierbei könnte der Bereich der Erlebnispädagogik die Bindung zwischen Vater und Kind unterstüzen.

In dem Seminar LV 3, welche die Erlebnispädagogik behandelte, ging es um das Thema Erlebnis, Erfahrung und Abenteuer. Man kann sagen, dass Erlebnisorientierte Arbeit Beziehungsarbeit ist (vgl. Jope 2006, S. 76). Hier kann die aktivierende Bindung zwischen dem Spielfeinfühligen Vater und seinem Kind optimal unterstützt werden. Die Kinder haben die Möglichkeit ihre Väter als präsent und unterstützend wahrzunehmen, indem z.B. gemeinsame Erfahrungen in der Natur beim Klettern, Feuer anzünden etc. machen. Genau mit dieser Methode kann der Schwerpunkt der Vater – Kind Bindung intensiviert werden. Wie in 2.2.2 erklärt liegt die Besonderheit dieser Beziehung im Spiel, wodurch der Vater seinem Kind ermöglicht die Welt zu erkunden und ihm dabei zur Seite zu stehen. Daraus schließt sich für mich, dass man solche aktivierenden Methoden, wie in der Erlebnispädagogik als gute Basis nutzen kann, um Stärken orientiert zu arbeiten. Zusammenfassend kann ich sagen, dass vor allem die Seminare LV 1, LV 2 und LV 3 mich fachlich und persönlich in meiner Arbeit weitergebildet habe. Ich konnte neue Blickwinkel erfassen und vor allem der Kurs über die väterliche Bindung und das Pflegekinderseminar haben geholfen ein besseres Verständnis für künftige Klienten zu entwickeln. Ich denke, um eine gute Arbeit leisten zu können, muss man sich in unsere Klienten hineinversetzen können, da diese meist andere Lebenserfahrungen gemacht haben, als man selbst. Dies ist wichtig um adäquate Hilfsmaßnahmen zu finden, um die Klienten zu stärken, ihr Leben zukünftig selbst zu gestalten.

3.2 Fazit

In der Erarbeitung des Portfolios wurde deutlich, dass definitiv sowohl Vater und Mutter einen wesentlich Beitrag zur sicheren Bindung im frühkindlichen Bereich leisten. Beide Einflüsse sind im Wesentlichen sehr unterschiedlich, allerdings haben sie von der Qualität beide wichtige Anteile. Während der mütterliche Einfluss sich oft auf die emotionale Seite bezieht, dient die Beziehung zum Vater dazu, dass das Kind die Welt und ihre Umgebung kennenlernt. Er unterstützt das Kind zu einem dabei die Welt kennenzulernen, zum anderen ermutigt er es auch neue Herausforderungen einzugehen und sich nicht zu fürchten. Dies ist auch schon ein wesentlicher Aspekt in der frühkindlichen Phase, damit das Kind von Beginn an eine sichere Basis für eine gesunde Bindung entwickelt.

Das Kind wird im zusammen Spiel von Vater und Mutter zu einem gemeinschaftsfähigen Menschen gefördert. Die Mutter beeinflusst dabei vor allem die emotionale Regelung des Kindes. Dies ist vor allem auch im späteren Verlauf eines Menschen wichtig, da der Mensch ein soziales Wesen ist und danach strebt in einer Gemeinschaft zu leben. Auf der anderen Seite der Vater, der dem Kind die Welt näher bring, mit ihm zusammen die Umgebung exploriert und ihm so die Fähigkeit gibt später im Leben selbst das Vertrauen zu haben, die Welt zu erleben und zu erkunden.

4. Dokumentensammlung

4.1 Protokoll in 3. 2 LV 1

Evangelische Hochschule Rheinland – Westfalen – Lippe

Seminar: 3.2 LV 1 Die Pflegekinderhilfe – ein zukunftsfähiges Modell mit Reformbedarf?

Protokollantin: Ines Mateja

Interview mit A. (männlich, 29 Jahre alt), ehemaliges Pflegekind am 05.05.2018

Vorstellung

A. ist 29 Jahre alt und lebte etwa seit seinem dritten Lebensjahr bis zu seiner Volljährigkeit bei einer Pflegefamilie. Er absolvierte sein Abitur und arbeite derzeit als Lehrer.

Herkunftsfamilie

Kindesmutter

A. lebte nach der Geburt mit seinem Zwillingsbruder bei der leiblichen Mutter. Die Kindesmutter (KM) war alleinerziehend und psychisch belastet. Sie war zu dem Zeitpunkt nicht in der Lage sich alleine um die beiden Jungen zu kümmern. Die Kinder kamen in die Obhut des Jugendamts. Die Mutter sollte gestärkt werden, sodass eine Rückkehr der Jungen ermöglicht werden sollte. Die Kindesmutter verstarb, während ihre beiden Kinder bei einer Bereitschaftspflegefamilie untergebracht waren.

Kindesvater

Der Vater von A. und seinem Bruder kommt ursprünglich aus Afrika, Nigeria, und hat zwei weitere Kinder in Deutschland, eine Tochter und einen weiteren Sohn. Beide lebten ebenfalls bei ihren Müttern, bzw. der Sohn wurde ebenso in einer Pflegefamilie untergebracht. Der Kindesvater sei ebenfalls nicht in der Lage gewesen, sich alleine um die Kinder zu kümmern. Er habe zu all seinen Geschwistern heute gelegentlich Kontakt.

Während der Zeit in der Pflegefamilie beschrieb A. die Beziehung zu seinem leiblichen Vater als verlässlich und kontinuierlich. Er erklärte, dass er und sein Zwillingsbruder ihren Vater einmal im Monat trafen. Lediglich während der Pubertät, ca. 14 Jahre alt, weigerte sich A. sich mit seinem Vater zu treffen. Auf Nachfrage, wo die Gründe lagen erklärte A., er könne sich nicht mehr daran erinnern. Heute hätten sie jedoch immer noch regelmäßigen Kontakt und er habe mit seinem Vater zusammen Verwandte in Nigeria besucht.

Pflegefamilie

Nach einem Aufenthalt in einer Bereitschaftspflegefamilie kamen A. und sein Bruder mit ca. fünf Jahren in eine Dauerpflegefamilie. Diese habe ursprünglich ein Mädchen aus Indien adoptieren wollen. Da der plötzliche Tod der KM eintrat und die beiden Jungs schnell untergebracht werden mussten, entschied sich die Familie, vor allem auf Wunsch der Pflegemutter, die beiden Jungs aufzunehmen. Die Pflegefamilie gehörte zur oberen Mittelschicht hatte einen zwei Jahre älteren eigenen Sohn.

A. erklärte, dass das Leben in der Pflegefamilie teilweise schwer für ihn gewesen sei. Trotz allem verdanke er ihnen heute sein Leben. Ihm wurden dort Werte, wie z.B. Disziplin, Selbstständigkeit etc. vermittelt, die ihm in seinem Leben weiter geholfen und geprägt hätten. Hinzu kam, dass er ein starkes soziales Umfeld gehabt habe, welches ihn ebenfalls positiv beeinflusst habe.

Im Alter von 18 Jahren kam A., zur Verselbstständigung, in eine betreute Wohnung durch das Jugendamt. Er besuchte seine Pflegefamilie währenddessen immer noch jede Woche. Kurz danach zog er mit staatlicher Unterstützung in eine eigene Wohnung.

Pflegemutter

A. beschrieb die Beziehung zu seiner Pflegemutter als sehr gut. Er selbst bezeichne sie auch, als seine Mutter. Er habe auch noch heute regelmäßigen Kontakt zu der Pflegefamilie, was durch die Beziehung zu der Pflegemutter beeinflusst sei. Sie habe immer versucht alle Kinder gleich zu behandeln. Trotz allem habe er sich im Vergleich zu dem leiblichen Sohn, nie gleich gefühlt.

Pflegevater

Die Beziehung zum Pflegevater (PV) beschrieb A. als sehr angespannt. Er komme aus einer älteren Generation und sei sehr konservativ. Er sei immer sehr streng gewesen und habe von A. und seinem Bruder mehr abverlangt, als von seinem leiblichen Sohn. Sie mussten z.b. mehr Verantwortung im Haushalt übernehmen und wurden strenger bestraft. Auf Nachfrage erklärte A., dass der PV die beiden Jungs auch körperlich gezüchtigt habe. Aus seiner Sicht, sei auch ihre afrikanische Herkunft ein Punkt gewesen, weshalb der PV so streng zu ihnen gewesen sei.

Aufgrund der teilweisen angespannten Situation in der Familie, entschied sich der Zwillingsbruder mit 16 Jahren in eine Wohngruppe zu gehen.

Soziales Umfeld

Nach seinem Umzug mit 18 in eine betreute Wohngruppe erklärte A., dass seine Freunde und seine Schule ihm sehr geholfen hätten. Er habe von einem auf dem anderen Tag sehr viel mehr Freiheiten gehabt und habe in diesem Zeitraum sein Abitur erfolgreich abgeschlossen. Mit dem Einfluss und der Unterstützung seiner Freunde sei ihm dies gelungen. In seinem Freundeskreis sei seine familiäre Situation bekannt gewesen, es sei jedoch kein Thema gewesen.

Kritischer – Pragmatismus nach Peter Faultisch

Peter Faulstich (*12. Juni 1946 in Frankfurt am Main; † 27. Januar 2016) geht in seiner Theorie zur andragogischen Praxeologie (Andragogik = Erwachsenenbildung, Praxeologie = Wissenschaft vom Handeln) auf die Vereinigung von Brauchbarkeit und wissenschaftlichem Verständnis ein. Er war seit 1995 Professor der Erwachsenenbildung/Weiterbildung an der Universität Hamburg. Er bricht die Lerntheorie heraus aus dem psychologischen Diskurs und überträgt sie auf die bildungstheoretische Ebene. In seiner Theorie geht es, um das Lernen für ein besseres Leben und es soll Bezug zum Möglichen nehmen. Er sieht Lernen als praktische Tätigkeit, welche in einem kontextuellen Rahmen in einem sozialen Raum stattfindet.

In der Erwachsenenbildung sind die Lernenden als gleichberechtigte und selbsttätige Individuen im Prozess der Vermittlung und Aneignung von Wissen und Einstellung anzusehen. Das Lernen sollte nicht von außen bestimmt sein, sondern von der Person begründet werden.

Verknüpft man die Lernthematiken mit dem Lebensinteresse des Lernenden, erhält der Gegenstand eine Bedeutung für das Individuum (Bedeutsamkeit). Dies steigert die Relevanz für das Interesse und der Zugang zum Lernen wird geöffnet.

Die Lerninhalte sollten interessensgeleitet und problemorientiert ausgewählt werden und auf ihre Bedeutsamkeit und deren Verwendungszusammenhang geprüft werden, dann ist es möglich, dass der Lernende durch reale Bedeutungszusammenhänge seine Handlungsmöglichkeiten erweitert.

3. Pränatale Vorbereitung

Es gibt einen theoretischen Teil zu Einführung über die Trimester der Schwangerschaft. Der Vortrag sollte mit Bildmaterial unterstützt werden. Im praktischen Teil wird Obst/Gemüse in der Größe der aktuellen SSW der Teilnehmer wird bereitgelegt. Diese müssen einschätzen, welches zu ihnen passt, im Anschluss kommt die Auflösung.

6. Füttern

In der Einheit zum Thema „Füttern", soll zunächst über das Thema Stillen, der Zugang für den Vater und passende Alternativen gesprochen werden. Im praktischen Teil sollen die Teilnehmer eine Babypuppe mit der Flasche füttern. Dies ermöglicht die Erweiterung der Handlungsmöglichkeit im realen Lebenszusammenhang.

8. Sicherheit – Exploration

Die Einheit „Sicherheit" beginnt mit einem praktischen Teil, in dem optimal ein Teil des Kursraums so präpariert wird, die Gefahrenquellen für Kinder sichtbar sind (wenn die Präparation des Raums nicht möglich ist, wird ein Foto eines Raumes gezeigt). Die Teilnehmer sollen die Gefahrenquellen benennen. Im Anschluss wird über das Thema sichere Wohnung geredet und das Thema Exploration wird eingeleitet.

Quellen:

FAULSTICH, Peter/ ZEUNER, Christine (2009): *Erwachsenenbildung, Eine handlungsorientierte Einführung in Theorie, Didaktik und Adressaten.* 3. Aufl. Weinheim: Beltz Juventa.

ROEHL, Rüdiger (2018): Die Fakultät trauert um Prof. Dr. Peter Faulstich. https://www.ew.uni-hamburg.de/ueber-die-fakultaet/aktuell-2016/16-02-01-faulstich.html - aufgerufen am 11.06.2018.

Literaturverzeichnis

AHNERT, Liselotte (Hg.) (2014): *Frühe Bindung, Entstehung und Entwicklung.* 3. Aufl. München: Reinhardt.

BRISCH, Karl Heinz (2014): *Säuglings – und Kleinkindalter.* Stuttgart: Klett – Cotta.

BOWLBY J. (1980). *Trennung. Psychische Schäden als Folge der Trennung von Mutter und Kind.* München: Kindler.

FAULSTICH, Peter/ ZEUNER, Christine (2009): *Erwachsenenbildung, Eine handlungsorientierte Einführung in Theorie, Didaktik und Adressaten.* 3. Aufl. Weinheim: Beltz Juventa.

GROSSMANN, Karin / GROSSMANN Klaus E. (2008): *Bindungen – das Gefüge psychischer Sicherheit.*4. Aufl. Stuttgart: Klett – Cotta.

GROSSMANN, Karin / GROSSMANN Klaus E. (Hrsg.) (2015): *Bindung und menschliche Entwicklung. John Bowlby, Mary Ainsworth und die Grundlagen der Bindungstheorie.* 4. Aufl. Stuttgart: Klett – Cotta.

HARDENBERG, Oliver (2005): Konsequenzen für die Pflegeeltern Übertragung traumatischer Bindungs – und Beziehungserfahrungen in die Pflegefamilie. Anforderungen an Pflegeeltern und notwendige Unterstützung. http://www.agsp.de/html/a66.html - aufgerufen am 12.07.18.

JOPE, Rüdiger (2006): Kinder brauchen Väter. Die Bedeutung der Vater-Kind-Beziehung und ihre sozialpädagogische Förderung anhand des aktivierenden Ansatzes der Erlebnispädagogik. Frankfurt/Main: Grin.

KRIEGER, Wolfgang u.a. (2007): *Kindesmisshandlung, Vernachlässigung und sexueller Missbrauch. Im Aufgabenbereich der öffentlichen Träger der Jugendhilfe.* Stuttgart: ibidem-Verl.

ROEHL, Rüdiger (2018): Die Fakultät trauert um Prof. Dr. Peter Faulstich. https://www.ew.uni-hamburg.de/ueber-die-fakultaet/aktuell-2016/16-02-01-faulstich.html - aufgerufen am 11.06.2018.

SEIFFGE – KRENKE, Inge (2009): *Psychotherapie und Entwicklungspsychologie. Beziehungen: Herausforderungen – Ressourcen – Risiken.* 2. Aufl. Heidelberg: Springer Medizin.

SEIFFGE – KRENKE, Inge (2016): Väter, Männer und kindliche Entwicklung. Heidelberg: Springer

SPANGLER, Gottfried/ ZIMMERMANN, Peter (Hrsg.) (2009): *Die Bindungstheorie. Grundlagen, Forschung und Anwendung.* 5. Aufl. Stuttgart: Klett – Cotta.

.